Savais-tu?

Les Ratons laveurs

Savais-tu?

Les Ratons laveurs

Alain M. Bergeron
Michel Quintin
Sampar

Illustrations de Sampar

ÉDITIONS
MICHEL
QUINTIN

Catalogage avant publication de Bibliothèque et Archives Canada

Bergeron, Alain M., 1957-

Les ratons laveurs

(Savais-tu? ; 32)
Pour enfants de 7 ans et plus.

ISBN 978-2-89435-324-0

1. Raton laveur - Ouvrages pour la jeunesse. 2. Raton laveur -
Ouvrages illustrés - Ouvrages pour la jeunesse. I. Quintin, Michel,
1953- . II. Sampar. III. Titre. IV. Collection: Bergeron, Alain
M., 1957- . Savais-tu? ; 32.

QL737.C26B47 2007   j599.76'32   C2007-940113-9

Révision linguistique : Sylvie Lallier, Éd. Michel Quintin
Infographie : Marie-Ève Boisvert, Éd. Michel Quintin

   Le Conseil des Arts du Canada
The Canada Council for the Arts   Québecʒʒ   Patrimoine   Canadian
canadien   Heritage

La publication de cet ouvrage a été réalisée grâce au
soutien financier du Conseil des Arts du Canada et de la
SODEC. De plus, les Éditions Michel Quintin bénéficient de
l'aide financière du gouvernement du Canada par l'entremise
du Programme d'aide au développement de l'industrie de
l'édition (PADIÉ) pour leurs activités d'édition.

Gouvernement du Québec – Programme de crédit d'impôt
pour l'édition de livres – Gestion SODEC

ISBN 978-2-89435-324-0
Dépôt légal - Bibliothèque et Archives nationales du Québec, 2007
Dépôt légal - Bibliothèque et Archives Canada, 2007

© Copyright 2007

Éditions Michel Quintin
C.P. 340, Waterloo (Québec)
Canada J0E 2N0
Tél.:   450-539-3774
Téléc.: 450-539-4905
www.editionsmichelquintin.ca

0 7 - M L - 1

Imprimé au Canada

Savais-tu que le bébé raton laveur arbore son masque noir et blanc si caractéristique de l'espèce seulement une dizaine de jours après sa naissance?

Savais-tu que le raton laveur est aussi appelé chat sauvage?
Si on le retrouve surtout en Amérique du Nord et en
Amérique centrale, on le rencontre aussi en Europe et
en Asie.

Savais-tu que les ratons laveurs vivent surtout dans nos forêts et nos régions agricoles, à proximité des cours d'eau, là où ils sont assurés de trouver des proies à leur goût et en quantité suffisante?

Savais-tu que le raton laveur s'accommode très bien de la présence humaine? Il peut même vivre dans les parcs des villes et des banlieues.

Savais-tu que le raton laveur ne sort de sa tanière qu'à la nuit tombée? Ce mammifère nocturne est rarement observé durant le jour.

Savais-tu qu'il passe ses journées abrité dans la cavité d'un arbre creux? Il peut aussi élire domicile dans une caverne, un terrier abandonné ou un vieux bâtiment.

Savais-tu que le raton laveur gîte dans plusieurs refuges à la fois? L'hiver, par contre, il n'occupe qu'un seul abri.

Savais-tu que ce mammifère nage avec aisance? Par contre, il ne plonge pas et évite les eaux profondes.

Savais-tu que le raton laveur grimpe aux arbres et peut passer d'une branche à l'autre avec une remarquable agilité?

Savais-tu qu'un raton laveur en fuite peut galoper jusqu'à 25 kilomètres à l'heure? En comparaison, l'être humain peut atteindre 36 kilomètres à l'heure.

Savais-tu que cet animal solitaire délimite son territoire en laissant des marques odorantes comme des traces d'urine, d'excréments ou les sécrétions de ses glandes anales?

Savais-tu qu'entre eux, les ratons laveurs ont un très bon système de communication sonore? On a répertorié près de 13 types de cris différents dont des sifflements, des cris aigus ou vibrants, des grognements et des ronronnements.

Savais-tu que le mâle raton laveur est polygame? Durant
la saison des amours, il reste plusieurs jours avec la même
femelle, avant de la laisser pour une autre partenaire.

Savais-tu que la femelle, par contre, est monogame? Lors du rut, elle n'accepte les avances que d'un seul soupirant.

Savais-tu que la femelle peut avoir jusqu'à 7 jeunes dans une portée? Aveugles à la naissance, ses petits ouvrent les yeux à l'âge de 21 jours.

Savais-tu que la femelle élève seule ses petits? Si à l'âge d'un an, ils ne l'ont pas encore quittée, elle les chassera.

Savais-tu que les pattes avant du raton laveur ont une mobilité et une sensibilité comparables à celles des mains de l'homme? Cet animal peut exécuter des manipulations

compliquées comme saisir de petits objets, tourner le bouton d'une porte et même réussir à décapsuler une bouteille d'eau.

Savais-tu qu'à cause de son sens du toucher très développé, il peut facilement reconnaître les objets simplement en les tâtant? C'est d'ailleurs un atout essentiel lorsqu'il fouille les cours d'eau en quête de nourriture.

Savais-tu que son nom provient d'ailleurs du comportement inné qu'il a de tâter ses aliments avant de les manger? Cette manie peut donner l'impression qu'il les lave.

Savais-tu que le raton laveur est omnivore? Il mange, entre autres, des fruits, des insectes, des poissons, des petits mammifères et des animaux morts.

Savais-tu qu'il a une préférence alimentaire pour les animaux qui vivent dans les milieux aquatiques? Il est d'ailleurs friand d'écrevisses.

Savais-tu qu'il adore aussi le maïs sucré? Pour certains cultivateurs, c'est d'ailleurs un véritable fléau.

Savais-tu qu'il arrive au raton laveur de causer des ravages dans les clapiers et les poulaillers? C'est qu'il aime aussi les œufs, les oiseaux et les lapins.

Savais-tu que sa réputation de videur de poubelles est très bien fondée?

Savais-tu que dans les régions tempérées, les ratons laveurs passent l'hiver dans un état de torpeur? Cet état n'est pas une véritable hibernation, puisque durant cette période d'inactivité la température de leur corps ne baisse pas.

Savais-tu que le raton laveur ne s'alimente pas durant ce sommeil léthargique? S'il survit, c'est grâce aux réserves de graisse qu'il a accumulées durant l'été.

Savais-tu qu'il arrive que les réserves de graisse accumulées ne leur suffisent pas pour survivre tout l'hiver? Lors des hivers longs et très rigoureux, le taux de mortalité peut atteindre 50 % des individus.

Savais-tu qu'un raton laveur en liberté pourrait vivre une douzaine d'années, mais qu'en raison des multiples dangers qui le guettent, il ne vivra probablement pas plus de 2 ou 3 ans?

Savais-tu qu'en Amérique du Nord, entre 2 et 4 millions d'individus sont chassés annuellement pour leur fourrure? Plusieurs milliers d'autres sont tués chaque année par des automobiles.